Nicolás Garrigan

La Basílica

Nicolás Garrigan

La Basílica

No todos los milagros se cumplen

JustFiction Edition

Imprint

Cover image: www.ingimage.com

Publisher:
JustFiction! Edition
is a trademark of
Dodo Books Indian Ocean Ltd., member of the OmniScriptum S.R.L Publishing group
str. A.Russo 15, of. 61, Chisinau-2068, Republic of Moldova Europe
Printed at: see last page
ISBN: 978-613-9-42395-8

Prólogo

La Basílica se inspira en los temas de la Biblia. Del idioma Arameo. Del catequismo. De la iglesia cristiana. De la fe hacia la Virgen. Del cristianismo y de las demás cosas con respecto a la religión cristiana que tal vez no mencioné.

Los rezos de esta historia de ficción en algunos casos del mundo pueden ser reales en la realidad.

Este libro de ficción relata sucesos religiosos y desesperación en seres queridos que puede provocar al lector.

No es un libro tranquilo, lleno de serenidad. Contiene escenas sexuales, lenguaje Arameo, violaciones y genocidios en las calles por robo a plata. Asesinatos de gente en un hospital, desesperación y problemas familiares.

No es un libro para los menores de 12 años. Es un libro para los que tienen 18 años o más.

Pero es un buen libro, bien relatado todo, las escenas de romance de los protagonistas llamados Nicolás y Jazmín Victory, dos primos con ese apellido, son intensas. Las relaciones de la familia incluyendo a Sir su propia mascota son una historia de paz, amor y serenidad hasta que todo se va enfriando hasta que la familia se acaba.

Para los mayores de 18 años o más a partir de esa edad, es muy recomendable que lo lean para saber cómo se tienen que tratar un hombre y una mujer, y que nunca ocurra lo que ocurrió entre esta familia.

Pero si esto les hace mal a la sensibilidad del adulto, no les recomiendo que lo lean.

Para eso consíganse un libro menos violento o solo libros románticos y que den risas.

Esta novela de ficción que es sobre religión, tira el mensaje de cómo hay que servir a la Virgen María y a la iglesia pase lo que pase. Y nunca alejarse de ellos.

Ser fuerte y pedir por la vida de los seres queridos y proteger a las personas y a sus mascotas sin renunciar a la fe.

Mi novela cuenta con esto para aprender a amarse y amar a sus mascotas por lo que significa, amar a todos los animales de Dios, domésticos y a los animales libres que viven en sus hábitats naturales.

Biografía

Me llamo Nicolás Espósito García Herrera conocido como Nicolás Espósito y conocido artísticamente como Nicolás Garrigan. Nací el 26 de agosto de 1996 en el sanatorio Mater Dei, en la Ciudad Autónoma de Buenos Aires, Argentina. Soy un argentino cristiano. Devoto de la Virgen María y un místico muy creyente de ella que le hago cultos y homenajes a esa santa que era Virgo al igual como lo soy yo por haber nacido el 8 de septiembre del siglo I A.C.

Vivo muy cerca de la Virgen María. Rezo siempre a ella y la amo mucho. Ella me escucha mucho cuando rezo y tenemos un buen vínculo entre los dos.

Desde que era niño siempre quise ser actor. En el 2020 iba a ser teatro en el Centro Cultural, Marcó del Pont, pero no pude ir por el caso del Coronavirus y tuvo que cerrar el lugar por la Pandemia. Pero en el 2021 comenzaré a ser actor y actuaré para empezar en un casting sobre una escena de la cuarta temporada de Los Simpsons, capítulo 6 que a Barth le arrancan el corazón.

Amo con tanta alegría a los animales. Soy muy protector de ellos. Me encantan ayudarlos, a darles mucho amor, jugarles y darles una vida de amor, paz, serenidad y armonía por la cual me pongo muy agresivo cuando hay maltrato animal. Me pongo loco, me desespero, siento odio por el agresor y sería capaz de devolvérsela con tanto odio para defenderlos. Siempre me ha encantado saltar a defenderlos. Y además lloro muchísimo cuando un animal fue lastimado, torturado o asesinado, etcétera. Tengo mucha desesperación de tristeza, angustia y dolor cuando ellos no reciben amor y son lastimados por el ser humano.

Tengo un perro. Se llama, Jack. Es un bretón español. Nació el 13 de diciembre de 2007. Cumplió 13 años en el 2020. Le puse un apodo. Capitán perro por el personaje de Jack Sparrow de Piratas del Caribe.

Nuestro veterinario nos dijo que como él es tan cachorro, va a vivir hasta los 15 o 16 años.

Nosotros tenemos una relación muy hermosa y sagrada. Él siempre se ríe cuando estamos por hacer algo. Lo acaricio y se da vuelta para que lo haga. Le doy mucho amor y nos cuidamos muy bien. Nos queremos y vivimos muy cerca juntos.

Cuando era joven jugábamos en el piso. Fue algo muy hermoso. Pero ahora por la edad tiene algunas lagañas en los ojos y están por taparcelos todos. Se resbala con mucha facilidad. No anda bien de las cuatro piernas. Las tiene separadas. Se cae al piso. Ya no escucha bien. Se está quedando sordo y no escucha cuando abrimos la puerta del ascensor y luego la de casa. A mí me está haciendo muy mal. Y ahora a veces lloro. Y el año pasado murieron tres personas queridas y poco tiempo antes de las fiestas. Me siento muy solo. Siempre sabía que me iba a poner mal cuando Jack envejeciera pero no sabía que le iba a pasar esto.

En esta novela de drama, escribo la fuerte historia de romance y sexo y diferencias entre los familiares Nicolás y Jazmín Victory. Dos primos creyentes de la Virgen María que van siempre a la Basílica de San Nicolás de Bari a rezar a una de las vírgenes de la iglesia por protección y seguridad en su casa y otro por

Sir, el perro de Nicolás y Jazmín para que ningún diablo lo lastime. ¿Lograran mantener a salvo a Sir como lo piden?

Capítulo 1

El arameo

En una misa religiosa en la Basílica de San Nicolás de Bari, Los primos, Nicolás y Jazmín Victory al igual que las demás gente escuchando y prestando atención, quedan concentrados y enfocándose muy extremadamente a la misa para obedecer a la Virgen María como siempre lo han hecho. Un ejemplo a seguir planeado por los dos quedan muy bien con una mirada fija y atenta ante la creencia hacia la Virgen.

Nicolás y Jazmín son muy bien escuchados por el padre, Azul y en silencio y quietos en las sillas parece que los dos tiran la idea de meter en su cabeza todo lo que Azul dice a través de quedarse sentados, mirando al padre, Azul en el altar y quietos como el resto si ambos se conectaran con sus mentes para idear todo eso.

El padre, Azul ya ha terminado y les dicen a todos los que están reunidos que vallan en paz con un sagrado coro de iglesia tocado por Violín, órgano y flauta traversa. Nicolás y Jazmín se retiran de la iglesia, junto con las demás personas muy concentrados por la misa y tranquilizados como amor y paz que se mantienen siempre juntos.

¿Qué nos enseñan a ver a dos primos unidos para salir por el mundo y tenerse tanta confianza y amor?

La respuesta se puede responder claramente que unos primos que mantienen amor y siempre mucha paz en su casa y en las salidas que hacen, nos enseñan a ser como ellos y que hay que amarse si tuviéramos primos o novios, etcétera. Y llevar una paz y una hermosa y preciosa convivencia entre sí y aun cuando estamos saliendo a pasear y visitar algo.

Los primos visitan el shopping del Abasto. Los dos tienen sus conversaciones sobre las creencias hacia la Virgen María en las maneras más íntimas y estando alegres por ser tan unidos y llevarse toda la paz que necesitan y que merecen.

Nicolás y Jazmín, entran en Jenny, y siguen con sus conversaciones y convivencia mientras ven lo que hay en el negocio.

Nicolás paga un cuaderno y un cuadernillo del mismo color que el cuaderno para que Jazmín no gaste nada. Pero Nicolás hace también la amabilidad de regalarle el vuelto a ella, ya que no soporta todo el amor y el afecto que tiene a ella y querer ser cada vez más hombre con ella y pensar así para que llevarse los dos una historia cada vez más fuerte y amorosa.

Los primos en el Burger King, se memorizan cuando estaban en la colonia y habían jugado entre los dos y los demás chicos contra otros compañeros incluyendo a Narciso Atienza, un médico clínico que cuando estaban en la colonia como estoy explicando, todos jugaban al Volley un día y él perdió por una jugada de Jazmín tirándose por el aire boca arriba y lanzando la pelota con sus manos en el aire y llegó a rebotar la pelota ferozmente rápida por el piso y ese fue el último tiro entre los dos equipos y habían ganado.

Narciso molesto y trastornado de cómo pudo haber hecho eso ella y encima en el último momento. En ese día Narciso le tuvo mucho odio a Jazmín y a Nicolás por ser derrotado por ellos y loco en su casa.

Los primos alegres y riéndose disfrutan su momento mientras entablan una conversación de la Virgen María mientras siguen en el Burger con la bebida y la comida.

Narciso Atienza, atiende a una paciente que había atendido dos días seguidos ya que la paciente está internada, pero casi curada de un derrame cerebral.

Narciso le avisa la buena noticia que si mañana se salva, al día siguiente le da el alta y se la llevan de regreso a su casa.

Nicolás y Jazmín juegan y corren a Sir, el perro de ellos de raza golden y entre toda la familia hay una relación fuerte y muy unida a enfrentarse a todo.

Nicolás practica sus deberes mientras intenta encontrar algo nuevo sobre la Bíblia que tenga que ver con la Virgen María o con María de niña o con María Magdalena que se interesa mucho sobre la historia de ella y su relación con Jesús y a ver si estaban casados y si tuvieron hijos.

Jazmín se baña con Sir mirándose uno delante del otro. Jazmín con hermosas palabras le dice que es un hermoso animal, que lo ama y que es un ser tan educado. Jazmín se mete bajo el agua y mete a Sir debajo del agua agarrando su cabeza para estar mirándose adentro del agua de la bañadera. Luego ella lo besa en la cara y sale del agua y ayudando a Sir a salir también y quedarse un poco más en el agua sin meterse de bajo y abraza a Sir con un amor muy fuerte y muy protectora con él.

Narciso le dará a la paciente un inyectivo para asegurarse de la manera más fácil que ella se haya curado. Pero el inyectivo resulta que es veneno de serpiente de cascabel. Narciso se lo inyecta en la vena. Le miente diciéndole que en algunos segundos se verá si ya no tiene nada. El doctor va hacia la ventana por donde delante de ella está los pasillos esperando a que se muera la paciente.

La paciente ya sufre del veneno y reacciona horriblemente y moviéndose muy feo y muy sacado mientras sigue acostada en la camilla y no reacciona a gritos muy fuertes ya que los demás médicos no la oyen y termina muriéndose de la peor manera que cuando se iba a morir por la hemorragia cerebral.

Narciso y los demás médicos llevaron el cadáver a los sitios que los pacientes que hay por muchas partes del hospital no lo miren para no causar ningún daño o algún daño a la sensibilidad o hipersensibilidad de muchos pacientes.

Nicolás y Jazmín estudian arameo si nada de computadoras ni libretas o cuaderno, etcétera, ya que los primos ya saben todo el idioma y lo que se dice.

Jazmín pone primera su práctica a Nicolás diciendo: "Jeshua rea rej re jes rei" Nicolás en español le dice: "Jesús es el rey".

Y él le dice ahora: "Shlama. A na jo Maryam di Zartet". Jazmín le dice ahora a él: "Hola. Soy María de Nazaret."

Sigue con el segundo turno de Nicolás y Jazmín llega a decirle ahora: "Naranda. ¿Ja que ria ará? Tolo" Nicolás le dice nuevamente sin equivocarse: "Maestro. ¿Qué te sucede? Rezen"

Nicolás le toca decirle a Jazmín para acordarse de todo lo aprendido en arameo. Nicolás ahora dice: "No. tje. bue. na. Nabioao. Prhase."

Jazmín al igual de ser hábil como Nicolás le dice en el idioma latino: "Nochebuena. Navidad. Feliz Navidad."

Jazmín ahora le dice a Nicolás: "Mjel. Kolor Mjel. Beroe." Nicolás responde: "Miel. Color Miel. Verde."

Y ahora y por último Nicolás le dice las últimas palabras en arameo para adivinarlas al español. Nicolás por último dice: "Meshiaca. Re aja ja jai. A na jo. Staku. Gobernadu. Litble. Eus. Yatis. Arxentina. Nikola di Arxentina. Arxentinos. Zaret. His to, rja. Pai. Rroxo. Noun mesa. noun káma. noun sila." Jazmín contesta todo esto sin equivocarse al igual que su primo. Le responde: Mesías. El hijo del Dios vivo. Soy yo. Silencio. Gobernador. Suéltala. Alto. Basta. Argentina. Nicolás de Argentina. Argentinos. Nazaret. Historia. Padre. Rojo. Mesa. Cama. Silla." Las respuestas se respondieron según el orden que se dijeron los primos desde la primera palabra hasta la última.

Los primos entablan una conversación muy estrecha por su arameo. Ellos entre hablar del idioma se ponen de acuerdo en que es una materia muy adecuada para enseñárselas a los alumnos como lo hacen siempre y que se podría saber el idioma en algunos lugares como ciudades, provincias, pueblos, localidades, etcétera y que se podrían ser conocidos en la Argentina. Jazmín cuenta su opinión a Nicolás sin dudar que ella está bastante de acuerdo con el arameo que tendría que haber existido siempre y que se pudiera enseñar en todo el mundo. Le encanta como pronunciar las palabras y que para una mujer de su nivel sería como más hermosa e inteligente si portara una voz tan femenina.

Nicolás y Jazmín están nuevamente en la iglesia de San Nicolás y rezan a la Virgen de San Nicolás para que la familia y la casa estén protegidas y amparadas y pedir por Sir, que la virgen esté cerca de él y que evite que cualquier diablo lo lastime.

Los primos piden por Sir en una manera muy fuerte y con mucho amor por amar y necesitar cada día de sus vidas al educado animalito.

Los primos están en el parque, El ángel gris. Caminando un poco, teniendo sus relaciones y jugando una carrera que Jazmín propuso y Nicolás que aceptó. Ella cuenta uno, dos y tres y empiezan a correr. Jazmín corre muy rápida y Nicolás no la alcanza tanto, ya que Jazmín es menor de edad puede ser que eso le pueda tener más energía para ganarle. Y Jazmín gana la carrera llegando al árbol que ella le propuso a su primo que había que llegar.

Nicolás quedó impactado y le dice a su prima "eres muy rápida". Jazmín le da de decirle que como se sentirá la Virgen María por haber corrido una carrera tan inolvidable.

Nicolás y Jazmín pasan una hermosa y preciosa noche en un boliche, tomando whisky y manteniendo conversaciones y convivencias muy unidas por los dos.

Los primos bailan con todas sus ganas la música electrónica que pasan siempre en el boliche cuando hay bailes a las noches. Jazmín es estupenda, hace movimientos muy rápidos y se mueve girando su cara, dándose la vuelta con el brazo sosteniéndolo con el brazo de Nicolás hacia arriba y moviéndose con todo el cuerpo con una velocidad rápida. Saltando los pies, agachándose y poniéndose arriba se mueve toda con su propio físico y levantando las manos.

Bailando libremente rápida y siendo una bailarina muy hábil e inteligente se da vuelta otra vez pero estirando sus brazos hacia abajo en forma vertical de cada lado de una manera extrema al seguir los pasos de la música. Vuelve a bailar moviéndose con todo su cuerpo y cada vez que lo está haciéndolo es más inteligente y una bailarina de música electrónica más rápida y sexual de una mujer de 43 años.

Los primos llegados recientemente del boliche se hablan contándose que como estaría la Virgen María con ellos ya por todas las aventuras, las relaciones y los éxitos que tuvieron. Ellos saben que ella ya debe estar amparando a toda la familia, tal vez ya haya iluminación en la casa y que todo esto y que ella estén con Sir. Ya por todo lo más hermoso del amor que tuvieron sin descansar y nunca rendirse por hay Sir está profundamente a salvo gracias a ellos.

Los primos mantienen sus relaciones sexuales cuando están besándose en la cara. Jazmín le pone los pies arriba de los hombros de Nicolás en la cama matrimonial y amándose cada vez más, Jazmín lo arrincona a Nicolás para tenerlo atrapado entre su cuerpo y la pared. Ellos se dicen al uno al otro que son hermosos y ansiosos por estar en el cielo con la Virgen María cuando la hora de morir llegue. Y diciéndose que se aman, Mantienen sus relaciones sexuales pegados en la pared como la unión que son.

Capítulo 2

Problemas familiares

En la hora de dar prueba de catequesis en la escuela Virgen Niña del barrio Villa Urquiza, Jazmín pregunta a sus estudiantes como había sido la resurrección de María y en donde fue tal como se los enseñan ellos a los alumnos.

Un estudiante llamado Andrés responde pacíficamente que: "cuando María había muerto el 15 de agosto pasando sus años, habían hecho un sepulcro para enterrar su cadáver y en algún momento mientras estaba sola y muerta, es resucitada y el sepulcro es abierto por unos ángeles que se la llevaron al cielo en cuerpo y alma al igual que Jesús."

Los catequistas quedaron asombrados y lo felicitaron un montón por dar su respuesta como un hombre grande.

Nicolás pregunta ahora de cómo era María en su personalidad.

Ainara, una alumna como Andrés contesta con estas palabras: "La Virgen María era fiel, leal, bondadosa, solidaria y le encantaba ayudar a los demás. Siempre le gustaba ayudar con el trabajo de otros en vez de hacer sus propios trabajos y ayudaba muchísimo con su casa mientras vivía con sus padres, Ana y Joaquín. María se dedicaba mucho a Dios y le había prometido amarlo y servirlo siempre. Hasta pasaba mucho tiempo rezando."

Nicolás pregunta a toda la clase: "¿Qué demuestra todas esas cosas maravillosas que hacía María para su hogar y para el pueblo?"

María Malena, una estupenda estudiante de catequesis contestó: "Todo esto demuestra que todo el mundo debería ser como ella y seguir su ejemplo. Prestar más atención a los demás y ayudarlos, ayudar a sus padres, a su familia, a las familias de otros y ser fiel, leal, bondadoso con su gente y con sus amigos, con sus parejas, a amar a todo el mundo y ser solidarios con todas las personas y las que nos rodean o que nos conocen o si vemos a alguien que está lastimado o no se encuentra bien, ayudarlos porque es nuestra obligación."

Nicolás y Jazmín increíblemente quedaron muy sorprendidos por su respuesta. Fue la verdadera respuesta de una mujer grande. Y la felicitaron como un excelente 10.

Ya la clase terminó y los catequistas felicitaron a toda la clase y por dar las respuestas de la manera que se tenían que decir.

Nicolás y Jazmín se fueron alegres a su casa.

"Cómo estaría bueno aprender todas esas cosas en las parroquias y encima aprenderlo de casos sobre Jesús que no se conociera para tomar la comunión. Increíbles que son las enseñanzas de Nicolás y Jazmín."

Narciso mete un veneno en un suelo de un paciente dormido sin que nadie le hubiera dicho que se encargara de cuidarlo. El paciente es infectado por el veneno y comienza con combulciones y no paraba de moverse en la camilla, Narciso riéndose con los ojos clavados en su cara, el paciente comienza a arderle los ojos provocando los dos dolores físicos sobrenaturales su tremenda muerte provocada por Narciso jugando con los pacientes en el hospital y causando muertes y locuras siniestras.

Los demás médicos investigan la hora del fallecimiento del paciente ya que no saben que Narciso estuvo ahí, tuvieron que investigar la hora exacta.

Los doctores descubren que el paciente falleció a las 23:20 de la noche.

Los médicos y enfermeros al día siguiente en una junta de corto tiempo no saben que está pasando en el hospital y que hay muertes sobrenaturales. Por lo cual si esto no para, el hospital tendrá que cerrar. Los médicos y los enfermeros mirando adoloridos no saben quehacer al respecto y Narciso estando en la conversación finge su mirada de lastima.

Nicolás y Jazmín haciendo su actividad de jugar con Sir sentados en el pasto del jardín, conviven un vínculo inseparables, corriendo para entretener a Sir a toda velocidad y ser felices como una familia muy unida.

Los primos en una inteligencia hábil, escriben en un diario de animales con candado cada historia de algún animal.

Comenzaron por los elefantes. Escriben que ellos son muy pacíficos, nunca atacan al ser humano, hay veces que una cría de ellos salvan a la gente que está ahogándose en un río sin saber si hace daño o no.

Uno puede acercarse siempre a uno de ellos y jamás atacan al hombre.

Los elefantes o las crías de elefantes cuando salvan al ser humano por estar ahogándose, se alegran, se ríen por salvarnos y que gracias a ellos el ser humano puede seguir viviendo.

Si se acercara un ser humano a un elefante en una reserva o algún lugar enorme con pasto, lago y con buen trato a sus guardianes, a veces uno se acerca para acariciarlo de la trompa y ellos hasta los elefantes bebés se ríen y le bailan a las personas. Ellos para empezar nos dan un buen ejemplo de que las personas deben amarse así, ayudar a otro incluyendo si es un animal y hacer la paz y la serenidad como nos enseñan.

Ahora escriben la historia de los monos tití. Ya sabido desde siempre de que el mono tití no ataca al ser humano al igual que los elefantes, son muy juguetones, pero muy asustadizos de las personas. Pero lo más hermoso del vínculo de un mono tití estando en los regazos del ser humano es que no va a atacarlo y si más bien sabe que no le vamos a agredir se queda en los brazos moviéndose hasta que decida volver a la selva. Pueden morder a veces un dedo nuestro, pero solamente están diciendo en su manera natural que quieren que nosotros les juguemos, ya que ellos en esos momentos se dan cuenta de que algunos somos buena humanidad con los animales y tenemos más vínculos con más animales como ellos que hay que amar, respetar sus derechos, cuidarlos y mantener un contacto humano con ellos lleno de amor, felicidad y armonía.

Tercero, los delfines. Esa historia compromete gran amor y devoción al ser humano ya que todos ellos son inofensivos y nunca atacan al ser humano y uno puede amarlo tanto por su risa y la forma en la que habla. Los delfines tienen un contacto con el ser humano maravilloso. El animal más inteligente de todos. Ellos se esfuerzan bastante en salvarnos si nos estamos ahogando y nos llevan a la orilla del mar. Hay veces de que uno está en una piscina con los pies dentro del agua y un delfín aparece de repente y la persona se mata de un susto. Tanto las personas como los delfines que escriben Nicolás y Jazmín en su diario, pueden estar cerca juntos y conviviendo una convivencia llena de amor para tener la oportunidad de acariciarlos y ellos de besar a las personas mientras se ríen y nos quieren con una necesidad importante y que les hacen falta, cosa que no todo el ser humano tiene.

Los delfines comparten su amor sobre su naturaleza con las personas y se dedican a ayudarnos ante cualquier emergencia y nos da la oportunidad de sentir un grado de paz y serenidad cuando nos reciben. Nos amparan y no nos hace diferencia entre nosotros y la naturaleza. Siempre al conocernos aceptan y respetan nuestros derechos. Un magnífico animal inteligente y hábil que son los delfines. Pelean por nosotros. Un precioso animal.

Las personas deberíamos seguir sus ejemplos y tener contacto con ellos, basta de maltrato animal, ayudar a las personas y a ellos, atenderlos a ellos y a nosotros mismos, quererse a las demás personas, a los animales y a la naturaleza. Respetar los derechos de los animales. Mantener la paz, el amor, la serenidad, la armonía y el amparo por todos y amparar con gran amor a los animales. A darles amor, curar sus heridas, hacerlos felices, más si sufrieron maltrato, ayudarlos a tener un contacto humano repleto de amor, sin miedo alguno, ayudarlos a reírse, a tenerles vidas llena de iluminación, protección y ampararlos. Protegerlos del maltrato animal luchar fuerte para cuidarlos ayudarlos en sus necesidades, respetar el derecho animal aceptar las necesidades de cada animal y jamás destruir las selvas donde los animales de la Fauna Silvestre viven en sus hábitats naturales.

Jazmín y Nicolás aprueban esta maravillosa materia que hicieron los dos como una obra de enseñanza para todas las personas del mundo y que por tanto, la humanidad tendría que estudiar la vida de los animales, sus derechos, el mayor amor que tienen ellos que las personas no y todo el mundo amaría tanto a la naturaleza y a ellos que en vez de estar locos y chiflados. Los que le encantaría a los primos de vivir en un mundo lleno de paz, serenidad, amor, armonía, amparos, y respetando los derechos de las personas, animales, de la naturaleza, de las plantas, de las flores. De todo ser vivo que exista y que se nos presenten.

Narciso en reunión con su mejor amigo, Rex sobre los incidentes que provocó en el hospital le aclara que llegará el día justo para que cierren el hospital y comience sus masacres con él en las calles para obtener más plata y tener todo un poder en su nombre que se adueñará de toda la Argentina. Rex obsesionado porque eso pase, lo felicita y con seguir su plan, ambos trabajarán juntos y en buen equipo.

Jazmín y Nicolás se comunican hablándose en arameo mientras que ellos leen un libro, y diciendo Nicolás: "is to, rja di rrei no". Jazmín le devuelve lo dicho en esta forma: "is to, rja di meshiaka" Nicolás de vuelta con su turno le responde: "gobernadu. shlama. Pai di naranda". Jazmín le toca decir y le contesta: "noum mesa di rroxo". Nicolás le responde "a na jo rej re jes rei di zaret" y por último Jazmín le contesta: "Maryam, meshiaka arxentina." Hablando en arameo mientras cada uno lee su libro y sin distraerse ni mirándose al otro, enfocado en la lectura y diciéndose palabras en arameo, los primos, son más creativos y muy preparados para cada cosa que tengan para hacer como por ejemplo aprender de ellos mismos cosas que nunca se enseñan en la escuela. Cosas que aprenden de su propia familia.

Narciso, toma un día de franco y invitó a sus amigos incluyendo a Rex a una cita que no rechazan para nada por el buen gusto de

Narciso que les cuentan que dentro de poco tiempo, cerrarán el hospital y que saldrán todos juntos a asesinar a millones de personas para robarles la plata y unirse al mundo del multimillonario. Todos se ríen con maldad y Narciso de la peor risa que cualquiera de los otros y burlándose a los insultos sobre el pueblo por lo que quieren hacerle a la gente.

Nicolás y Jazmín están mirando la televisión, noticiero de noche, estando la cena en la mesa y cocinada. Los primos planean la idea de visitar Cañuelas y alquilar una preciosa quinta por dos semanas. Nicolás le tira la buena noticia a Jazmín aparte de qué con la plata que se están ganando, en algunos pocos meses se pueden aprovechar la visita en Cañuelas. Jazmín da advertencia de no usar tanto la plata por si ven algo caro y no tratar de consumir muchos costos.

La noticia del hospital donde están sucediendo los asesinatos, sálen en el canal Trece por dónde están mirando Nicolás y Jazmín. Ellos obviamente saben que es Narciso que está asesinando a los pacientes en el hospital, entonces ellos empiezan a alterarse aunque solo un poquito pero insultando al asesino. Así que ellos se dicen que hay que proponer un plan porque como siempre saben que Narciso asesina a pacientes para que el hospital cierre y comenzar sus asesinatos en las calles para robarles la plata a las víctimas y hacerse un genocida multimillonario. Los primos tienen que tomar paciencia y pensar con mucha claridad como detener a Narciso y hablarlo entre ellos.

Narciso prepara sus materiales para ir a trabajar en el hospital y quitarle la vida a alguien más quien sea. Los primos están detrás de la pared para detenerlo, Jazmín sale y se dirige lentamente a Narciso y le inyecta una droga para dormirlo en el cuello y cae al piso, ante los pies de Jazmín.

Narciso despierta en una casa abandonada y con arreglos para reformarla que Jazmín y Nicolás conocen muy bien cerca de dónde viven ellos. El doctor camina medio inconciente delante de los primos. Jazmín contándole que algún día iban a tratar de detenerlo, Narciso dice que tiene otras maneras para ganar. Nicolás le avisa que eso ya lo saben. Narciso se acerca a él y piensa que está inventando algo porque hace rato que no hacen nada y se lo dice creyendo que lo quiere asustar. Jazmín le da la razón a Nicolás y que no cuente con tanta victoria. Narciso no cree en nada de lo que está pasando y que esto no terminará con su muerte. Jazmín advierte con pura verdad que son muy inteligentes y que nunca cayeron a la tentación. Narciso, la amenaza diciéndole que todas las personas caen ante la tentación y que ellos serán los primeros antes que él. Jazmín con una inteligencia fuerte le avisa que ambos primos saben que solo él caerá ante la tentación cuando el hospital cierren por las personas que está matando y luego asesinar a la gente de la calle para robarles la plata y ser multimillonario para hacerse finalmente una mansión antes que ellos subestimando y haciendo frente sus planes. Narciso al enterarse de sus planes corre directo a atacarla. Jazmín lo agarra estando encima de él y Narciso se da vuelta y la agarra encima a ella. Nicolás le pone una pistola en la cabeza y la suelta y ella se para y se aparta de él. Nicolás, amenaza a Narciso con el arma diciéndole que le pida perdón a su prima, él dice que no va a intentar matarlo porque Nicolás no es un asesino. Nicolás le insiste nuevamente que le pida disculpas a ella y él se da vuelta mientras dice que aunque lo matara, pasaría años en la cárcel mientras cuando lo decía, Jazmín se le acerca con una estatuilla del Espíritu Santo y lo golpea en la cabeza y lo deja inconciente y muriéndose. Ella lo felicita a Nicolás por haberlo distraído y haber los dos detenido al malvado doctor. Ella le aclara a su primo que es una buena extrategia para derrotar a cualquier diablo que se le presente a alguien y suelta el Espíritu Santo de una mano y con la otra la sostiene con la mano izquierda y la mueve un poco hacia el lado izquierdo y Nicolás se queda mirando el Espíritu Santo sorprendido por el ataque que le hizo Jazmín a Narciso.

Jazmín le tira un balde de agua a él metido en la bañadera por ellos. Narciso se despierta y Jazmín le dice que los enfrentó a los dos y cometió un error, pero lo salvaron mientras se estaba muriendo. Narciso se toca la cabeza y les dice a los primos que tiene que ir al hospital. Nicolás le contra dice que no. Narciso repite que tiene que ir al hospital gritándoles un poco. Nicolás le arroja un jarabe en la bañadera y le avisa que lo tome tres veces al día mientras sana.

Narciso les pregunta que va a hacer en su casa metido adentro días mientras se cura. Jazmín le contesta a quien le importaría. Narciso le dice que a Rex sí le importaría. Jazmín le avisa que eso ya lo saben y que no se sorprenden para nada porque con él en casa muchos días, va a perder todo lo que tenía planeado. Narciso loco dice que no puede perder. Nicolás le aclara que los villanos siempre les tocan la hora de perder. Narciso se altera y lo repite gritando así: "¡No puedo perder!"

Nicolás le dice para que recuerde que todas las personas pierden alguna vez. Y con mucha tranquilidad como si no le importara nada para él le dice que eso les tráen dolor a todo el mundo. Jazmín le advierte que si intenta hacerle algo a alguien o asesinarlo ellos lo matarán y ahí no le tendrán piedad.

Narciso les dice a ambos que irán a la cárcel en su lugar. Jazmín le pregunta "¿perdón? ¿quién irá a la cárcel? ¿Nosotros?" Y le aclara que son dos primos hábiles que tienen mucha experiencia con esos casos a parte de saber tanto de la biblia y que le tendrá que seguirle la corriente a ellos sino la justicia lo va a agarrar sea por ellos o no y que la condena será perpetua.

Jazmín y Nicolás, nuevamente están en la Basílica de San Nicolás aclarándose de que al fin si Narciso hace algo pasará toda su vida en la cárcel. Ya no podrá volver a ganar y no podrá hacer nada si llegara a pensar en algo bien pensado.

Los primos rezan a la Virgen que siempre andan rezando por lo mismo de siempre. Por la casa, la familia y el amparo entre los dos y Sir y pidiendo protección al animalito, como siempre para tener su vida fuera del mal que hay entre las personas.

Lo más lindo y pensable de creyentes de Dios, de la Virgen María y de Jesús pedir protección, iluminación y amparo por una mascota propia es algo sumamente hermoso y da enseñanzas de que hay que pensar también en los animales como en las personas ya que el ser humano es dañino con ellos y la gente de buena fe lucha eternamente contra el maltrato animal como nos muestran Nicolás y Jazmín por la vida de su perro.

Narciso está grabe aún y en cama en su casa, contándole lo sucedido a Rex y le insulta hablándole de los primos. Rex trata de calmarlo y que no haga nada hasta que sane y que tome unos días para pensar en algo muy positivo sin correr riesgo de ir a prisión. Narciso le contesta que acatará lo que dice y encima para decirle que si no le hace caso irá a prisión perpetua.

Nicolás promete a Jazmín en que irá a misa él solo ya que los dos van a cobrar y él tiene más plata que ella para poner un poco de gran cantidad en la canasta para ayudar a la gente que no tiene nada y que viven tristemente en la calle.

Jazmín con este maravilloso apoyo hacia los demás que viven en la calle dice que como muere porque llegue el día, ya que cuando eso pasa, los primos se turnan cuando una vez ponen un poco gran cantidad él o ella yendo a misa como siempre pero esas veces solos ya que corresponde poner la plata solamente él o élla , tienen que estar uno solo en misa. Una vez Nicolás y otra vez Jazmín. Son veces turnándose continuamente.

Narciso sigue en su mal estado y empieza a sentir gran odio y pura agresión por Jazmín que siempre le pudo vencer en todas sus ideas diabólicas y derrotarle muchas veces en los juegos cuando iban a la colonia. Así que se queja peormente cuando se quejaba de los dos estando con Rex. Narciso para de quejarse por sentir dolor y tocarse la cabeza. Se mantiene callado solo un segundo mientras está tocándose y de repente sufre un ataque de piel y grita de dolor también aunque también no tanto. Solo un poco y comienza la piel en volverse gris y pone su mirada en una cara siniestra y llenada totalmente de un enfermo psicópata.

Los primos en la hora de catequesis relatan la historia de lo sucedido después de que Jesús resucitó y de los discípulos que esparcieron la palabra de Dios y hablar en nombre de Jesús.

Facundo Reza, un estupendo alumno de catequesis e historia sobre Jesús le cuenta como sucedió las cosas aparte de lo que contaron los primos, de que asesinaban lanzando piedras a la gente, perseguían a muchos que estaban a favor de Cristo y que odiaban y masacraban a sangre fría a los judíos. Y que los discípulos de Jesús predicaron el amor a Dios y que cualquiera que sufre pasando hambre o pobreza, serán saciados y que los pobres serán el reino de Dios.

Nicolás y Jazmín felicitaron de forma sorprendente a Facundo ya que él está aprendiendo mucho y sabe millones de cosas sobre la Biblia. Los primos enseñaran ahora a los alumnos sobre el amor que Jesús quería predicar y como Dios amó tanto al mundo.

Martin enhorabuena felicita a los primos por su trabajo y sin ningún problema malo que causaron todo este tiempo y les paga mucho sueldo. Salario enorme. $ 3.800.

Nicolás y Jazmín miran sus caras con alegría y orgullo.

Lo que no lo veía venir a Jazmín es que Nicolás tiene que usar la plata para pagar las expensas. Luz, electricidad, gas, agua, etcétera. Y encima tiene que hacerlo con la ayuda de la plata de su prima. Así que Jazmín comienza a quejarse y a gritarle que le hizo la promesa de ir solo a misa para poner un poco de gran parte de plata en la canasta para ayudar a los necesitados. Nicolás trata de decirle que se olvidó que tiene que usarla para pagar las expensas. Jazmín toma la excusa como una tontería por solo que se haya olvidado de lo prometido por pagar las expensas y encima que ella tendrá que ayudarlo con su guita. Jazmín por la cual se queja a gritos todavía con Nicolás.

El primo con el amor fuerte que le tiene a su prima le dice que no sería capaz de hacerle nada ni de hacerle ningún insulto ni tampoco de levantarle la mano. Jazmín a recibir semejante enamoramiento le contesta que durante toda la vida que empezaron a vivir juntos hace 7 años ya sabía eso. Y que siempre la deseaba solo para él. Nicolás continúa diciendo que no puede hacerle nada. Y que está a su poder para volverla su ama y él su protección. Jazmín hecha a gritos a Nicolás de la casa, pero él se niega y entonces ella le continúa gritándole que se valla, le abre la puerta para echarlo y lo hecha empujándolo con el pie. Jazmín cierra la puerta y queda muy triste, muy angustiada con la espalda pegada a la puerta. Y Nicolás muy triste y desesperado por el amor a ella parado en la puerta después de ser echado.

Nicolás solo en un restaurante, trata de reflexionar las cosas para que Jazmín vuelva a sentir amor por él. El plato que comía era una enorme Milanesa con puré de papas y una copa con vino. Nicolás no puede dejar de buscar una solución al problema para convivir, proteger y amar a Jazmín más que a nadie teniendo cuidado de no provocar ninguna verguenza o más problemas de los que ya hay.

Capítulo 3

Amor de una humana

Nicolás vuelve a la casa y Jazmín sale del cuarto a verlo para hablar. El problema queda igual como antes pero ahora se hablan tranquilamente en una verdadera paz. Jazmín le da la razón a Nicolás que la casa es de ambos así que tiene derecho y obligación a vivir en ella.

Ya en la noche, Nicolás y Jazmín acostados en su cama quieren tratar de entender cómo pasó esto y discutiendo así.

A las 7 de la mañana, Nicolás prepara el desayuno y a Jazmín le hace un mate cocido con tostadas de pan de campo con miel. Su desayuno favorito al igual como en la merienda.

Jazmín a ver que su primo está haciendo eso para que se sienta mejor va directo hacia él y lo abraza diciéndole gracias.

La casa se muestra desde el lado de la calle muy tranquila y muy serena.

En una escuela, una profesora va directo a su aula a verificar que todo lo que tiene que enseñar a sus alumnos estén en el aula y en orden. Pero antes de entrar a su aula gira la cara y ve un aula con un borrador y una tiza tirada en el piso y alguien saca una mano fea de piel gris. La profesora que sospecha que hay alguien en peligro, va caminando despacito, despacito mientras que el que está provocándole miedo le dice "en el gris encontrarás el dolor." "En el gris encontrarás al diablo." "En el gris encontraras la muerte" La profesora sigue acercándose asustada y entra al aula y ve a un hombre con la piel totalmente gris con una profesora asesinada por él y pegada a la pared. La profesora que está viendo todo empieza a asustarse y el agresor le acerca la mano para poder atacarla. La profesora se queda muerta de miedo y viendo al agresor que la mira con una mirada enferma y sonriente. El agresor la agarra de la cara y ella empieza a gritar. Y es asesinada con dos fuertes golpes en la cara y se lleva la plata de las dos profesoras asesinadas por lo que prueba que el asesino es Narciso Atienza.

Nicolás y Jazmín, bailan juntos en el living de su casa con sus coronas que significa el amor entre ellos con un reproductor de cd escuchando "Fantasía blanca", música japonesa. Los primos se agarran de la mano derecha, se mueven de un lado a otro con todo su cuerpo, estiran sus brazos hacia arriba, luego los bajan y los dos se voltean riéndose con alegría. Los dos se agarran de las manos mirándose alegres y mueven despacito sus manos y mueven despacito sus cuerpos.

Jazmín y Nicolás sueltan sus manos izquierda y junto con la derecha la levantan nuevamente y ellos vuelven a voltearse contentos y felices y otra vez se agarran de las dos manos y nuevamente mueven despacito sus cuerpos mirándose llenos de alegría.

Nicolás y Jazmín enseñan a los alumnos los diez mandamientos de Dios en la época de Moisés y por qué Dios lo castigó.

Los alumnos responden a estas enseñanzas que los diez mandamientos sería como la Ley de Dios. Moisés que había roto su tabla que decía todo sus mandamientos, Dios lo castigó y por eso nunca llegó a la tierra prometida.

Nicolás y Jazmín muy bien felicitan a su clase y que están avanzando de maravilla y con rapidez.

Rex ve por primera vez a Narciso con la piel gris y contando Narciso a su mejor amigo que de esa manera con la piel gris la policía no podrá hacer nada ya que es más inteligente y más luchador y podrá ganar muy buena guita y compartirla con Rex para convivir juntos en una mansión cuando haya tenido lo suficiente para tener la Argentina en su poder. Rex lo felicita por su inteligencia y por sus nuevas habilidades que planteo la idea de su propio cuerpo con la piel gris.

Narciso le avisa que hará unos estudios para ver qué tipo de enfermedad es y cuál sería el tratamiento que nunca se dará por decisión propia y por asesinar, robar sin que ningún patrullero no pueda hacer nada. A Rex le parece buena idea y que nunca cambie de parecer.

Lo sucedido cuenta en las noticias del día. Nicolás y Jazmín mirando el Noticiero llegan a ver la noticia de las profesoras asesinadas y con la plata robada y apuntan al agresor con la piel gris gracias a que unas pocas personas que transitaban en la calle lo vieran irse de la escuela corriendo como un loco psicópata. Los primos identifican que el asesino es Narciso corriendo y huyendo de la escuela con un buzo rojo y con la piel de su cara y manos de color gris. Nicolás y Jazmín tienen la inteligencia que fue ella misma que enfermó su piel y lo volvió gris por pegarle en la cabeza con la estatuilla del Espíritu Santo y sabiendo que la justicia no va a hacer nada para meterlo en la cárcel porque ahora es más inteligente que cuando era normal. Los primos no saben que hacer al respecto. Es más monstruo que humano. Cruel y retorcido.

Narciso muestra los análisis que se hizo él mismo por el caso de su piel a Rex, y como resultado es una enfermedad intratable por el golpe en la cabeza causado por la estatuilla del Espíritu Santo.

Como los dos ya tienen todo para hacer sus diabólicos planes toman unas copas de vino, disfrutando lo que hablan entre ellos y riéndose de manera sádica.

Jazmín y Nicolás están enterados de que la enfermedad de Narciso es incurable por haber escuchado unos pocos minutos antes de las 13:00, un aviso en el noticiero hablando

Narciso que se hizo unos estudios por el caso de su piel y no hay cura para este caso. Nicolás y Jazmín preocupados por el pueblo ya no saben que hacer al respecto para detenerlo nuevamente.

Narciso asesina a un hombre de 26 años y se apodera de la guita. Rex se reúne con Narciso para decirle que mató a 3 personas y consigió buena fortuna estando separados de las calles para asesinar de la manera más simple de todas y hacerce con el poder gracias a la plata.

Los primos se enteran de esta noticia muy cruel y sin justicia y se alteran cada vez más y consideran a Narciso como un diablo y tratan de pensar alguna idea juntos pero es demasiada complicada la situación y que ya no se puede hacer nada.

Narciso abre un frasco de whisky para compartirlo con Rex. Hacen un malvado festejo en la casa de Narciso y hablando de sus locuras diabólicas tomando a rapidez la bebida.

Narciso y Rex cuentan toda la plata que ganaron asesinando a gente inocente y han robado y teniendo en su poder $15.900. Ellos ahora se ponen ansiosos como si hicieran otro festejo por tener en corto tiempo una gigantesca mansión en Buenos Aires.

Nicolás entra desesperadamente en la iglesia de San Nicolás para buscar a Jazmín que está sola y pidiendo urgente a la misma virgen que rezan y piden los dos por Sir. Nicolás la agarra del vientre y trata de calmarla diciéndole que esté tranquila y que está con él y que nadie puede lastimarla. Jazmín le dice que Narciso sabe que ellos tienen una mascota e implora con gran miedo y con una desesperación de una ser humana que ama con locura a su mascota que la Virgen ampare todo este tiempo y con más razón día y noche, las 24 horas por Sir e iluminarlo para que el diablo de Narciso no llegue nunca a él.

Nicolás promete que lo cuidarán entre los tres. Entre ellos y la Virgen, asegurando su seguridad cada 10 minutos.

El verdadero contacto entre un animal y un ser humano, es amar con gran pasión y locura a nuestras mascotas y defenderlas a pesar de cualquier maldad nos hagan las malas personas y ampararlos y quedarse con ellos todo el tiempo que ellos necesitan para que nadie los lastime. Abrazarlos e impedirles el miedo al maltrato animal. Luchar por ellos y convivir con mucho amor. Tener una convivencia de amor, lealtad y fidelidad sin límites.

Narciso, Rex y amigos suyos secuestran a 20 personas que ven en la calle y al llegar a la casa de Narciso son ejecutadas con una escopeta. Los asesinos se ríen y se vuelven más tiranos y agresivos por la plata que se hacen entre sí.

Nicolás ve en un momento lleno de terror a Jazmín asustada por la seguridad de Sir y empieza a decirle a Nicolás que esta vez no se van a salvar los tres protegiendo al perro y que se quedarán sin nada. Nicolás sigue con calmarla y pasa unos minutos agarrándola y diciendo que Sir está a salvo y que nadie puede llegar a tocarlo.

Jazmín se dirige hacia el perro en el jardín y se sienta con un rostro bastante alterado y asustado. Agarra a Sir para abrazarlo con toda su angustia y no lo suelta. Lo mantiene abrazado durante unos largos segundos.

En la noche, Nicolás y Jazmín acostados, vuelven con el problema que les generó Narciso. Nicolás cada vez más le dice que debería calmarse y que recuerde que la ama. Jazmín sin nada que hacer para evitar el conflicto no sabe que hacer. Nicolás le asegura que siempre la Virgen mantiene a los fieles amparados y cuidados. Le asegura con buena fe que la Virgen no dejará que nadie toque a Sir.

Narciso en una conversación con sus amigos, hace burla a las víctimas suyas que ha matado y diciendo insultos y riéndose. Rex burla diciendo que eso les pasa por elegir el camino de los chiquinines. Narciso felicita a su mejor amigo por esa palabra y todos juntos se empiezan a reír con maldad y como siempre.

Nicolás se levanta a las 9:15 de la mañana y busca a Jazmín que vio que no estaba acostada cuando despertó. La busca desesperadamente y sale corriendo a la calle hacia la Basílica de San Nicolás.

Nicolás entra desesperado en la iglesia y la ve a Jazmín sentada desde lejos y muy cerca al altar. Nicolás va corriendo hacia ella que está sola con un manto de color celeste parecido al de la Virgen María.

Nicolás está muy alterado que le dice bien asustado que no puede ir a la iglesia sola sin él con ese estado. Jazmín con toda su creencia fuerte le asegura que nunca entran diablos a las iglesias.

El primo la encuentra un poco distinta y le pregunta que se hizo. Jazmín le contestó que tomó agua bendita con droga mientras él dormía. Tres vasos con tres drogas en cada tres tragos. Nicolás empieza a ponerse muy protector de su prima con un peligro de salud muy dañino para ella que le dice que tiene que sacarla de ahí y mandarla a un tratamiento médico urgente. La prima le avisa con seguridad dañina que la única que puede darle un tratamiento sin dolor es la Virgen María y se para del asiento y se quita el manto y Nicolás empieza a verla con la piel pálida y helada viendo que la tenía en la piel de la cara cuando hablaban recientemente y se para él muy alterado y con tanta alteración le dice que no siga ni mucho menos sola en la calle. Que él puede parar esto y salvarla. Jazmín insiste que las salvaciones siempre son los milagros y que las iglesias son las casas de todas las personas que deben quedarse todo el tiempo que puedan para curarse. Nicolás trata de convencerla de que la cure él por amarla y seguir acostados juntos en su cama y hacer el amor mientras que el tiempo los envejezca y tener sus cabellos canosos.

Agarra el manto y se lo pone a ella y la ayuda a retirarse de la iglesia sosteniéndola y acompañándola.

Jazmín es llevada en camilla movediza de un hospital que la trajo Nicolás y la ponen en una habitación. Jazmín le insiste nuevamente que

Sir no está tan protegido como siempre lo ha estado y Nicolás le asegura que lo va a tener adentro de la casa y durmiendo con él para estar bien protegido. Los doctores le dicen al primo que tiene que dejarla para hacerle el tratamiento urgente. Mientras Nicolás se retira despacio, Jazmín le dice "cuida a Sir" y su primo le grita un poco como respuesta "tranquila. No le va a pasar nada.

Nicolás se queda pegado en la pared de los corredores por ver que hacer ahora y más con este problema diabólico infernal.

Narciso y los demás secuestran nuevamente a cientos de personas y las llevan a su casa en su habitación. Allí son drogados por heroína al costado del vientre y asesinados por cinco tiros a todos.

Narciso ya disfruta de su victoria sabiendo que ya no se puede hacer nada. Los compañeros celebrando la victoria de manera muy macabra insultan y se burlan de todas las personas que mataron.

Nicolás camina por la calle para regresar a su casa pero un abogado defensor que se llama Ladislao Bregman se acerca a él porque lo andaba buscando y se presenta con él. Ladislao le cuenta que es abogado defensor y que nunca defendería a Narciso si estuviera en la cárcel y en un juicio para que lo juzgara el juez. Nicolás le responde a esas palabras que está muy agradecido pero que no se va a poder hacer nada. Ya no hay manera para detener a Narciso. Pero Ladislao le cuenta que tiene algo muy planeado para él. Ponerle una trampa pero Nicolás le contesta a su idea que no haga nada, porque si no pone en peligro su vida y sabe que puede terminar muerto.

Nicolás se va, Ladislao lo mira irse por rechazar su idea. Va directo a cruzar la calle, se queda parado en el medio y un auto sin querer lo pisa por encima, se choca contra los vidrios por donde se mira para manejar rodando, Nicolás escucha el ruido del choque, se da vuelta y ve a Ladislao rodando con rapidez sobre el techo del auto y cae al piso y muere. Nicolás se acerca a él gira un poco su cara y está manchadísima con sangre gravemente. Las demás personas que también vieron todo se acercaron y se impresionan y comienzan a tirar pánico y asquerosidad en la calle. Nicolás se retira dejando el cuerpo en la calle donde acaba de pasar lo sucedido y con las demás personas que lo están viendo.

Nicolás está sentado en su cama y ya no soporta estos conflictos y asesinatos y personas sufriendo, se agarra la cara con sus manos y luego las sueltan. Sir está con él al lado de él y acostado relajado y tranquilo. Nicolás piensa que hacer ahora con lo que ha sucedido recientemente. Cada cosa nueva y diabólica que él se siente derrotado por los sucesos cometidos por ambas partes.

Narciso y los demás pasan la noche en un boliche comiendo pizza y bebiendo mucha cerveza. Hablan de una junta con buscar y reunir más gente despachada y hacer una organización y una alianza satánica y con mucha agresividad oscura. Ellos

Están de acuerdo y lo felicitan a Narciso por un buen pensamiento justo y necesario.

Narciso les avisa para que ellos no se preocupen por tardar unos pocos días para comenzar la búsqueda porque comenzaran mañana. Los asesinos brindan de manera muy cruda y diciendo "por los satánicos."

Nicolás le da de comer a Sir y le pone agua helada de la heladera para alimentarlo y tenerle un buen cuidado y seguridad con el animal.

Nicolás se tapa con una frazada muy gruesa y Sir lo acompaña del lado derecho. Nicolás acaricia tanto al perro y le da besos y un enorme abrazo lleno de amor y paz.

Nicolás apaga el velador y se duermen ambos.

"Que tanta amabilidad humana de los primos con Sir y encima sobre todo Jazmín, desesperada por mantener a Sir a salvo y Nicolás ayudándola y obedecerla siempre. Mucho amor y distinto entre la familia. Se podría aprender muy bien de ellos si tuviéramos más que un solo amor sino millones de amores como si estuvieran divididos en varias partes."

Narciso y los demás están reunidos en su habitación y con varios asesinos que ya encontraron para contarles el diabólico plan de tomar cualquier decisión sobre hacer la injusticia, las violaciones y las muertes.

Ellos gritaron "¡sí. Hay que mandarlos a la mierda a todos!" Y Narciso grita ¡"a matar!" Y todos incluyendo él gritan cruelmente ¡"síííí!"

Nicolás está sentado en una silla del hospital esperando la respuesta del médico. El doctor aparece ante él y le dice que Jazmín ya sanó y no corre ningún peligro sobre algo tan dañino pero si está muy preocupada y que tendrá que cuidar a su prima con mucho más cuidado.

Tres semanas estuvo internada y en cada semana Nicolás la visitaba.

Nicolás le responde al doctor que "sí." que la va a cuidar y con una cara como diciéndole "y con mucha responsabilidad." El médico le dice amablemente que puede entrar a verla pero solo cinco minutos. Nicolás alegre le dice "gracias" y el doctor se retira y lo deja a Nicolás para que entre a la habitación donde está su prima.

Nicolás entra en la habitación, Jazmín da vuelta la cara mientras él se acerca y le sonríe al estar él quieto y pegadito a la cama con ella. Jazmín le cuenta como un profundo sueño de amparo e iluminación que la Virgen María ayudó también. Nicolás con palabras amables y creyéndole le dice que ella al igual que Dios, lo puede todo.

Los primos se miran alegres y enamorados.

Narciso y las demás muchedumbres asesinas lastiman y asesinan salvajemente a millones de personas en distintas cuadras y se separan para matar ciento de personas en cuadras distintas y solos. La gente es pateada por los asesinos y asesinados por ametralladoras y provocando gran miedo y terror en las calles donde suceden los delitos.

En la habitación de Nicolás y Jazmín, los primos hablan de amor y sobre todo estar abrazados juntos, desearse, amarse con alegría y bañarse los dos y hacer el amor en la bañera.

Nicolás le dice a Jazmín que para que haya mucho más amor, que canten una canción. Jazmín con alegría de ser tan amada por su primo le dice "Nicolás sí que sós mío." Nicolás le dice a ella "te amo tanto y te deseo." Jazmín le dice "ha, bueno. si me deseas me vas a tener que dar hijos." Nicolás le contesta "y casarme contigo en una iglesia."

Jazmín de acuerdo con todo le responde a su propuesta para cantar "Ok." Jazmín empieza a cantar "Al otro lado de los cielos, encontraremos el Paraíso. Donde nos amaremos juntos a través de sus jardines." Nicolás canta ahora "Un hermoso vasto donde solo los justos pueden ir." Jazmín canta de nuevo "un precioso Arco Iris sobre nuestro santuario." Nicolás y Jazmín cantan juntos "y acompañados. y acompañados viviremos a través de la naturaleza por donde viviremos, viviremos junto con todos los animales. y acompañados, y acompañados y acompañados."

Capítulo 4

Protegiendo a una mujer

Narciso y sus amigos celebran una celebración diabólica en su casa al contar toda la plata que robaron a sus víctimas asesinándolas. El enfermo Narciso, grita a sus compañeros con voz de gloria y victoria "¡Compañeros de mi sangre! ¡Hemos cumplido nuestro trabajo! ¡Nos hemos hecho con el poder al ganar $50.000! ¡Ganamos lo que propusimos gracias a nuestras víctimas! ¡Pero el trabajo sigue igual! ¡Ganaremos más y asesinaremos más!" Los compañeros de Narciso le gritan a él "¡Síííí!" Narciso mira a sus amigos con una gran mirada mala y diabólica.

Nicolás imparte sus clases de catequesis solo mientras Jazmín hace reposo en su casa y con Sir. El catequista enseña con el tema de los cuarenta días en el desierto que Jesús moría de hambre y de sed y que en esos desiertos hay escorpiones, alacranes, lobos, etcétera. Tiene dudas si él había visto algún animal peligroso y que pudo igual cumplir con la orden que Dios le dio. Entonces le pregunta a sus alumnos porque Jesús pudo pasar cuarenta días en el desierto sin comer ni tomar agua y que corría peligro de ver animales peligrosos.

Bárbara, una alumna, le responde a su pregunta con estas palabras "La razón por la que Jesús pudo pasar cuarenta días en el desierto sin comer ni tomar agua y a pesar de encontrarse con un animal peligroso, es porque Dios le permitió cuidar su vida evitando que muriera por falta de comida y agua y si se había encontrado con algún animal peligroso, Dios los había evitado de atacarlo haciéndolos alejar y dejar en paz a él y evitó que muriera sin comer ni tomar agua cumpliendo él con pasar cuarenta días en el desierto. Pero ahí también pasó algo. El ángel Gabriel apareció ante él y le trajo comida y agua por cumplir con la orden de su padre, ya sabiendo todos que Dios le dio la autoridad de que Jesús tenía que volver a comer y tomar agua."

Nicolás impresionado por la respuesta de su alumna y por lo de contar lo del ángel Gabriel que no lo había mencionado en la pregunta felicita a Bárbara muy sorprendente y emocionado.

Jazmín tranquila mira la televisión en su dormitorio y Sir aparece entrando por la puerta y ella insiste que se suba a la cama como justo él quiere y corre para subirse y se sube para quedarse pegada a ella sabiendo él que ella tiene que hacer reposo y cuidarla tal como sabe también que algo le había pasado.

Narciso y los demás almuerzan juntos en un restaurante lindo y hermoso para reunirse en una reunión para comer juntos en una casa de comidas sobre el dinero, y los primos. Que no hace falta alterarse ni sentir miedo. Que ellos ya perdieron por todo lo que ganaron y por el nuevo poder que tienen los asesinos ahora.

Nicolás regresa a casa desde el trabajo y va a verla a Jazmín que está en su habitación aún y se saludan entre sí y se abrazan. Nicolás le avisa con seguridad que pidió franco al director para mañana para dedicarse a ella por su cuidado, permanecer con ella tanto tiempo en la cama y obedecerle con cualquier cosa que le pida a ella.

Narciso y Rex mantienen cierta conversación por teléfono sobre una economía que puede hacerse más fuerte gracias a ellos y al resto con toda la cantidad de plata que pueden superar al gobierno argentino y ser ellos los gobernadores y los reyes de la Argentina y la máxima y más poderosa justicia del país entero. Narciso sonríe con sonrisa malvada y agradece fuertemente a Rex y que eso será de todo posible gracias a sus platas afanadas de sus víctimas y que comenzarán con el nuevo plan satánico y mucho más diabólico, siniestro, crudo, cruel y retorcido.

Nicolás ya empieza su día de franco y permanece en la cama con Jazmín sentados y mirando la televisión, sosteniendo ella el control remoto y prestando atención a lo que ve. Nicolás enloquece por la belleza de Jazmín y comienza a tocarla en su brazo derecho, en su espalda, le acaricia el cabello y le dice amorosamente que es tan hermosa, que es linda, que es muy preciosa y que tanto la ha deseado desde el primer día que vivieron juntos y que desea con todas sus ganas su protección y no dejar que la lastimen ni que quieran dejarla fea. Le dice que desea su piel, su cabello y su cuerpo. Y que quiere sentir su olor a mujer. Jazmín pone una mirada de estar protegida por el hombre y con una mirada relajada y serena por estar su primo cuidándola y protegiéndola por su bienestar. Ella le dice a Nicolás con estas palabras "siempre estuviste enamorado de mí. He estado protegida siempre por ti. Mi cuerpo y mi piel siempre han sido fuertes y me los deseas tú mismo". Jazmín voltea su cara hacia él y le dice "nunca he estado sola. haceme el amor". Los primos se besan en la cama con ella un poco encima de él y Nicolás tirándose un poco hacia abajo y haciendo el amor tirado él un poquito para abajo y ella encima de él.

Jazmín se pone sus calzados y ve a su primo enamorado durmiendo sin saber exactamente si ella lo durmió con algo o si él se quedó dormido por ella, por estar enamorado y enfocado a ella.

Jazmín se detiene en la puerta de la habitación para ver si su primo está bien dormido y cuidándolo ella a él con una cara de estar amparada por él al igual que por estar amparada por la Virgen y se retira del dormitorio.

Narciso y los demás, tienen agarradas a gente inocente en la calle y les pide la plata a todos. Los agredidos se las dan, pero ellos no cumplen su palabra de dejarlos ir y los matan. En el piso de la calle hay mucha sangre por la cantidad de personas que mataron.

En 10 calles más, Narciso y los demás, violan a hombres y mujeres jóvenes de cerca de 30 años tirando a 28 o 29 años sin robarles la plata ya que con la cantidad de dinero que ganaron asesinando a los demás disfrutan y matan a los demás después de violarlos con mucha sangre y haciendo el sadomasoquismo a la gente por diversión, placer y por poder. En la calle hay muchas manchas y semejantes charcos de sangre de las victimas violadas y asesinadas.

Nicolás le pone agua al cacharro de agua de Sir y el perro se dirige a él para beber y bebe mientras Nicolás lo mira por su seguridad al igual que por la seguridad de su prima.

Nicolás se sienta nuevamente en la cama con Jazmín mirando también la televisión y aclara con amor a ella que siempre ha estado amparada por la familia y por la Virgen. Jazmín le dice sonriendo que gracias a todo lo que tiene nunca ha sido atacada.

Narciso y los demás alegrándose y festejando su sadomasoquismo con sus amigos, beben mucho vino, cerveza, whisky, tequila y ron. Todos ellos se vuelven cada vez más agresivos, tiranos, terroríficos y retorcidos y crueles y también por el alcohol y los vuelven como unos de las personas más dañinas de toda la historia de la humanidad.

Nicolás está de nuevo impartiendo clases de catequesis. Menciona un hecho en los cuarenta días en el desierto que no lo había mencionado antes para estudiarlo después de que el diablo lo había visitado a Jesús y que intentó convencerlo de hacer cosas para que

Dios no le siguiera queriéndolo y que se arrodillara ante él para servirlo. Y que él se negó diciendo que solo a Dios le sirve y que siempre le obedecerá a él. Entonces Satanás se fue y lo dejó.

Bárbara le cuenta al catequista que Satanás siempre estuvo persiguiendo a Jesús tratando de poseer a muchas personas y que nunca pudo tener éxito para agarrarlo ya que él le quitaba a esa gente sus demonios.

Nicolás dice con respecto a eso a todos los alumnos que en un cristiano y si tiene mucha fe, es justo y necesario que sepan de eso así si tienen algo malo o que ven a alguien que tiene algo malo que recen y que tengan mucha fe para sacar el mal que tiene cada uno. Si un cristiano o un cristiano con mucha fe tiéne un rosario, o un rosario pulsera o cualquier cosa que sea de la religión, que recen mucho y sin detenerse y rezar muchas cantidades de veces y tener mucha fe para sacar los males que puede sentir uno o sentir en su cuerpo.

Narciso habla de los primos con Rex y el resto de sus amigos que ellos son cada vez más tontos. Que ya tienen todo para vencer a cualquiera. Rex confirma que tiene razón y no hay que asustarse por más que el enemigo sea muy inteligente.

Narciso con palabras amables de sus diabólicos planes con ellos le dice a Rex que es una buena tarea para empezar y que comienza a enseñarle junto con los demás lo más lógico para enfrentarse al bien con sus planes e ideas muy diabólicas con sus pensamientos satánicos.

Nicolás y Jazmín en la cama y ella protegida por Nicolás hablan sobre un tema como si fuera un sueño sobre vivir entre los árboles, las cataratas y los ríos con Sir cuando ambos hallan partido al paraíso. Jazmín le pide y ordenándolo que quiere que tengan un fruto adentro de su vientre, debajo de un árbol y haciendo el amor en él. Nicolás la obedece con amor que va a estar embarazada y estará en un precioso, hermoso y lindo árbol donde será la nueva casa de ellos. Su nuevo hogar.

Jazmín le dice por decir esto "siempre cumples". Nicolás enfocado a su amor y deseos de su protección le pide que le acaricie con el cabello. Jazmín sorprendida pregunta "¿Qué?" Nicolás le vuelve a decir que lo acaricie con sus cabellos en la cara ella le pregunta "¿Por qué?" Nicolás le responde porque así quiere sentir amor y estar poseído cada vez más por ella y le vuelve a decir que se lo haga y ella le contesta pero con una cara poco riéndose por ser tan querida y tan amada "no" y él repite que lo acaricie y ella le responde "está bien." Pero contigo estando a mi poder y sentada encima tuyo y cubriendo tu cuerpo." Nicolás le responde "Está bien." Jazmín dice entonces "piel con piel." y Nicolás también dice "piel con piel." Nicolás se acuesta en la cama y Jazmín se tira sobre él y cubre su cuerpo estando tirada sobre él y lo acaricia en la cara izquierda con su cabello del lado izquierdo. Los dos se miran enamorados mientras Nicolás es acariciado por su cabello mientras Jazmín lo acaricia moviendo su pelo por toda la cara. Jazmín le pregunta aunque es algo que siempre supo si le gusta su cabello. Su cuerpo. Su piel. Nicolás le contesta que es muy hermosa. Jazmín le dice "soy una humana inteligente. Hábil como todas las personas" Nicolás le dice "Me encanta aprender de vos. Amo tus espaldas." Jazmín le pregunta "¿Te gustan mis manos? ¿Te gusta mi piel?" Nicolás le responde "Naciste en un cuerpo muy hermoso. Con tanta belleza. Estás fuerte. Eres una preciosa creación de Dios." Jazmín le quita el cabello de encima y le ordena a Nicolás con el amor que poseen los dos que se quede acostado aún y para que ella siga estando tirada sobre él para que sienta su primo más amor, más sexualidad por ella y poseído. Nicolás estando cada vez enamorado con más amor fuerte le responde en paz y tranquilidad que sí. Entonces Jazmín sigue encima de él y lo mira con una mirada muy sexual y él no le puede sacarle la mirada de encima. Él ya está de la manera más sexual atraído y enamorado de Jazmín. Pasan muchos segundos entre ella mirándolo con su cara de sexualidad y entre él enamorado y atraído por ella que luego Jazmín se acerca a él y ella lo mira pegado a su cara con sus ojos y mirada sexual y Nicolás cambia su mirada y la mira concentrado en el amor y con ojos bien listos para besarla. Los dos se miran por tres o casi cinco segundos digamos y se besan mutuamente y hacen el amor de la manera más fuerte y ardiente entre los dos y ella mientras lo besa y ella a él, ella sigue con su cuerpo encima del cuerpo de él.

Narciso ya que tiene todo el poder con sus amigos, reparten toda la plata para que todos tengan las cantidades de fortunas que se ganaron. Al terminar de contar, todos festejan a los gritos gritando “¡Vamos, carajo!” “¡Así se hace!”

Narciso, ansioso por su fortuna, dice él que lo que les esperan ahora en adelante en este país.

Narciso les invita con la diabólica amabilidad psicópata a tomar unas copas de vino.

Capítulo 5

El Ecoparque

Nicolás, entra a la iglesia de San Nicolás de Bari a pedir por Jazmín.

Jazmín sigue sentada en la cama viendo la televisión.

Nicolás reza a la Virgen María por la recuperación de su prima.

Nicolás reza con todas sus ganas y con un amor muy fuerte hacia su amada prima.

Narciso ya que es todo diabólico y enfermo le ocurre la idea de que antes de asesinar a Nicolás y a Jazmín, que asesinen a su perro para hacerlos sufrir con magia negra a través de una vela de color negra ya que puede hacer millones de cosas sin ensuciarse las manos por su enfermedad intratable. Los amigos de Narciso, Rex y los demás, se ponen de acuerdo y muy contentos ya que para empezar que eso sería lo mejor primero para hacerlos sufrir a los primos.

Narciso les dice con mucha amabilidad psicópata que fueran incluyendo él mismo a tomar vino en una confitería.

Jazmín, recuperada, habla con Nicolás en su propia casa, sobre el tema de ponerse de acuerdo a que país visitar a parte de ir de vacaciones a Cañuelas si tuvieran la oportunidad de visitar uno.

Nicolás, está de acuerdo con ella en visitar Adelaida. Entonces Jazmín dice que entonces visitarán Australia cuando tengan suficiente plata.

Nicolás y Jazmín, agarrados de las manos, viendo la televisión, en la cama y sentados, empiezan a prometerse del uno al otro ampararse y protegerse.

Jazmín le pregunta con voz seductora y con un hermoso rostro de poseerlo si va a cumplir su promesa de llevarla a visitar el Ecoparque. Nicolás le responde "te voy a ser muy feliz ahí". Y ambos se besan con las manos agarradas.

Narciso ya avisa a sus amigos en que día intentará asesinar a Sir. Les avisa que puede ser en cinco días o un poco menos.

Los amigos de Narciso contentos de esta locura se dicen entre sí que al fin se van a vengar con una alegría muy hinumana.

Jazmín y Nicolás, en el Ecoparque, ven al único chipancé y lo miran con ternura. Caminando un poco más ven a los monos caí o monos capuchinos, jugando y mirándolos con mucho amor y con mucha gracia.

Avanzando más ven a las liebres corriendo y otras quietitas y tranquilas y otras quietitas y mirándolos.

Jazmín y Nicolás se acerca a una liebre que los está mirando a los dos solo para verla de cerca ya que a ellos les encantan los animales y son muy amantes de ellos.

La liebre se asusta y huye corriendo ya que las liebres son muy asustadizas del ser humano.

Nicolás le dice a su prima que tiene derecho de asustarse. Jazmín le dice a su primo que son un amor y que le encantan las liebres.

Nicolás y Jazmín, ven desde lejos del lago a los flamencos desde el puente que están parados.

Les simpatizan mucho y les encantan tanto a ellos que los animales siempre se queden tranquilos.

Ellos miran a los flamencos con mucho amor y dicen entre sí que son unos animales muy hermosos y que les traen a los dos mucha paz y armonía como todos los animales del mundo.

Los primos siguen caminando al final del Ecoparque cerca de la puerta de salida y ven más liebres en el camino y se ríen porque les causan mucho amor y les parecen animales muy divertidos y los primos son muy protectores de los animales que nunca van a dejar que alguien los maltraten.

Narciso y los demás toman un café en una confitería y asegura Narciso que todo va a salir bien. Y que todo ya está planeado y la hora en la cual va a comenzar a hacer la magia negra.

Los amigos de Narciso sin ningún miedo y sin ninguna duda le dicen que confían plenamente en él y que al fin todo lo que han planeado todos estos años para hacer cualquier cosa con tal violar la ley finalmente podrán hacer todo lo que ellos quieran.

Nicolás y Jazmín en su clase de catequesis les enseñan lo que nadie sabía de la crucifixión de Jesús en que mientras él estaba clavado en la cruz y seguía sufriendo y cada vez más, perdiendo sangre y agua, un pájaro que se llama golondrina vino hacia él y le quitó las espinas de la corona para aliviar su dolor.

Y que es sabido que Dios la mandó a él para que su hijo sufra menos. Y que hay un nombre de origen español y vasco que se llama Ainara como la alumna de ellos que significa "golondrina" y es un nombre que va siguiendo las tradiciones cristianas. Es un nombre que es cercano a la iglesia cristiana.

Stelan, otro de sus alumnos les pregunta de cómo pueden averiguar tanto.

Jazmín le responde que se puede averiguar tanto de la biblia por Internet, cosas que nadie sabe.

Nicolás le dice que se puede averiguar millones de cosas por Internet. Entre ellas la biblia y es mejor siempre investigarlo para contárselos a los padres o a las escuelas o a las parroquias de las iglesias por donde se hace catequesis.

María Malena, dice que está impresionada por las cosas que aprenden los primos. El arameo, la biblia, etcétera.

Narciso tiene un plan diabólico y siniestro de cómo hacer sufrir a los primos.

Escribe una carta para mandársela de correo a la casa de Nicolás y Jazmín amenazando de muerte a Sir, sabiendo que aunque se dieran cuenta de todo antes de matarlo, no podrán hacer nada. Al igual que la justicia.

Nicolás y Jazmín se comunican con el idioma Alto Valyrio, una lengua ficticia surgida en la ciudad de Valyria y que se convertiría en el lenguaje practicado por todo el Feudo Franco.

Ahí los primos se hablan en una lengua que no existe internacionalmente, aprendida a través de la exitosa serie "Game of thrones" (Juego de tronos).

Con el tiempo mirando las temporadas, los primos han estudiado el idioma y han aprendido a hablarse entre ellos.

Por ejemplo, Jazmín que le dice a Nicolás "Dracarys" que es "Fuego de dragón" Nicolás que le dice a Jazmín ahora "Avy jorraelan" que es "te amo". Jazmín ahora le dice "Kirimvose" y también "Kirimvos" que es "Gracias" pero se puede decir de ambas maneras como quiera el que habla esa lengua. Y Nicolás le dice a ella "Tresy" que es "hijo"

Nicolás y Jazmín ahora hablan de que en realidad el idioma Alto Valyrio pudo haber existido y que ahora es una lengua muerta, aunque muchas canciones y libros son cantadas y leídas en este idioma.

Nicolás abre para arriba el buzón de cartas para ver los correos que pudo haber llegado y terriblemente le llegó la carta de Narciso.

Nicolás lee el nombre de Narciso Atienza preocupado y un poco asustado.

Jazmín le dice que no puede creer que Nicolás le crea la amenaza de Narciso con matar a Sir con magia negra cuando Nicolás le está hablando de eso, pero él le dice a ella que lo va a hacer y que ambos tienen que hacer algo antes de que sea tarde.

Pero Jazmín no le cree igual y trata de convencer a Nicolás, celosa de él nuevamente que solo quiere que se la crea para poder preocuparse más los dos y que tenga miedo.

Nicolás sigue con lo contrario de que ahora Narciso puede hacer de todo con la enfermedad que tiene su piel. Jazmín se voltea para ir a la cocina mientras que su primo la sigue y diciéndole que si mata a Sir, se quedarán sin nada y que él les quitará la vida de ambos y no tendrán nada más en este mundo. Jazmín mientras escucha que le dice eso, agarra un vaso, lo deja en la mesa de la cocina, mira hacia la derecha para ignorar a su primo, y se voltea a mirarlo enojada y él continúa asistiéndole que él les va a hacer llorar a los dos de por vida.

Jazmín se da vuelta, abre la heladera, saca un frasco de Whisky, lo pone en la mesa, se sirve un poco, toma algo y le dice a Nicolás "este asunto termina aquí" Y se va de la cocina. Nicolás preocupado ahora por Sir y Jazmín y toma un trago que dejó su prima de Whisky, deja el vaso y piensa ahora que hacer mirando la mesa con el vaso y con frasco apoyado.

Narciso ya sospecha que los primos ya tuvieron que leer la carta, se lo dice a sus amigos y ellos le aclaran que ya está todo listo y que asegurarán que él cumpla con su asesinato. Narciso estando ayudado por sus amigos, avisa que en estos muy poquitos días aran todo.

Nicolás y Jazmín en la mañana de las 9:26, discuten de nuevo el tema que Nicolás empezó a discutir nuevamente, pero Jazmín al no creerle de nuevo le dice "yo no le tengo miedo a nadie" Nicolás trata de que crea en la verdad con toda su pureza y amor a ella para asegurar el bienestar de Sir. Jazmín negándole le dice "yo estoy pendiente del bienestar de Sir la mayoría de las horas de los días. Así que sé que no le va a pasarle nada." Nicolás no le deja de tratar de convencerla enamoradamente de ella que hablen bien. Y ya que ella fue la que lo enfermó a Narciso de por vida puede hacer algo siniestro desde su casa. Jazmín le dice que él nunca lo haría. Que nunca lo hizo y que por eso piensa que no lo hará y lo hecha a Nicolás en la habitación de ellos. Mientras que Jazmín ve a su primo irse por espalda para salir del dormitorio, se agacha y pone sus manos sobre la cama y mirándolo con la cabeza baja que él se va por la puerta de la habitación. Jazmín gira la cara y mirando la cama enfurecida por volver a pelearse con él. Ella queda unos segundos agachada con las manos en su cama y con una mirada de una prima despechada mirando la cama la golpea con la mano izquierda toda abierta y sosteniéndola con la mano derecha.

Jazmín, suelta la cama, se para nuevamente, pone su mano derecha en la cintura y la mano izquierda en la otra y mira su cama hacia abajo y parada enojada.

Nicolás alterado y asustado por su prima que la ama tan entusiasmado y por deseos sexuales y románticos por ella, reza a la Virgen María de la iglesia de San Nicolás para acompañar y amparar a luz fuerte por Jazmín.

Nicolás pide con sus rezos tan asustado y enloquecido que le dará fe a la Virgen para salvar a su familia y sanar a su prima y a su mascota.

Jazmín baila escuchando música sacra, Veni, veni Emmanuel de Familie Mariens por el reproductor de cd. Jazmín, baila en el living estirando su cuerpo para la derecha y para la izquierda y con sus manos levantadas a la altura de su cara y moviendo sus dedos y todo su cuerpo.

Jazmín, baja las manos y mueve velozmente su cuerpo, su cara y sus manos con los dedos moviéndose también.

Jazmín al bailar, pone una mirada un poco sería, pero con ojos bien puestos a la música y con la boca un poco abierta y moviendo su rostro hacia la derecha y hacia la izquierda.

Con una mirada de una chica fuerte, profesional e inteligente.

Narciso en una de sus reuniones en su casa, tomando todos vino, hablan de la plata que se han hecho para que el país entero les tengan miedo. Rex diciéndole que como ahora les arrancarán la vida a Nicolás y Jazmín, serán campeones de toda la Argentina. Narciso de acuerdo con él les dice a Rex y a los demás que ellos solo por ser más inteligentes que cualquiera se equivocaron en pensar que podían contra ellos.

En una cena nada querida, Nicolás le sirve el plato con comida a Jazmín primero y mirándola ya que ella no le tiene mucho amor. Nicolás come el primer pedazo y su prima le pregunta en donde dejó las coronas que usan los dos para significar su amor. Nicolás le responde si están en su cofre que él mismo le compró. Ella le dice que no. Y él le dice si no están entonces en algunos de los armarios de los dos. Y ella le responde que no y le pregunta si él las perdió. Él le dice que qué no las usó. Ella le dice que lo vio usando la suya hace dos días y él le dice que no la ha usado por mucho tiempo.

Jazmín reta a su primo diciéndole "¿cómo puedes perder las coronas de nuestro amor que compramos los dos con nuestro dinero? No logro entenderlo."

Nicolás le dice para tranquilizarla "te amo prima" y ella le contesta "cállate, mi amante. Un hombre se me enamoró y me declara su amor."

Nicolás mira asustado por su prima y por estar tan lastimada y que hacer él solo ahora.

Sir ladra por pedir comida. Jazmín lo reta ahora a Nicolás diciéndole "Nicolás. ¿No le diste de comer antes de ir a cenar?"

Nicolás se levanta mirándola por querer que ella sea nuevamente tan amada.

Nicolás sale al Jardín de la casa con el taper de la comida para Sir y se agacha al cacharro de comida y con una palita le sirve el alimento.

Sir empieza a comer y Nicolás, preocupado y asustado por la vida de Sir lo mira y lo acaricia teniendo mucho miedo ya que las cosas con la familia están muy enfriadas.

Capítulo 6

Los aros de fuego

Narciso decide hora y momento de asesinar a Sir a través de la magia negra diciéndoselo a Rex. Su mejor amigo vuelve a prometerle la confianza de que estará atento de que él haga con lo suyo.

Narciso le da nuevamente las gracias y que será un buen momento para celebrar la victoria tan diabólica que ellos habían soñado.

Nicolás y Jazmín, que están en la cama sentados y tapados con la frasada, discuten nuevamente la amenaza de Narciso contra Sir. Jazmín lo sigue negándolo diciéndole que nunca va a creer en esa fantasía.

Nicolás le sigue avisándole que puede hacer de todo con la enfermedad de la piel que le provocó ella. Jazmín le dice lo contrario "nadie puede hacer un asesinato así. Ni tampoco un enfermo de por vida." Y se levanta de la cama y va directo a uno de los dos baños, se sienta sobre el inodoro con la tapa adentro y queda pensando en la vida que tenían antes con una mirada mala y atros.

Narciso y Sir, hacen los pasos para el plan macabro y concuerdan que será un plan corto y sencillito.

Nicolás y Jazmín sentados en la cama nuevamente con la frazada pero de noche hablan de todos estos años que viven juntos y que como él la ama tanto a ella. Pero Jazmín le dice que entonces no diga fantasías de niños.

Nicolás trata de convencerla que es para la vida y la seguridad de ella y la de Sir.

Jazmín lo niega diciéndole que deje de asustarse y que se dedique con más ganas a la familia.

Nicolás, enamorado de su prima le dice que nada va a romper el amor que siente él por ella y la besa en la cara estando su prima con su seria mirada.

Nicolás y Jazmín duermen y están profundamente dormidos.

La magia negra aparece en el jardín de la casa y se dirige directo al perro que está dormido en su caseta con la cabeza y medio de su cuerpo afuera y la brujería maldita llega a Sír quedando rodeado de la magia negra.

Sir abre un poco sus ojos y con la boca cerrada hace "mmmm" y mueve a penás su cara hacia la derecha, cierra sus ojos y es asesinado por la magia.

Nicolás y Jazmín quedan dormidos y no escucharon nada mientras que Sir está muerto en el jardín.

Nicolás se despierta y despacito se levanta de la cama y sale hacia afuera de la habitación y Jazmín se despierta mientras que él se levanta de la cama con su impactante mirada seria.

Nicolás sale al jardín y va directo hacia Sir para mimarlo y cuando lo acaricia y ve que se queda profundamente muerto, lo acaricia nuevamente y cuatro veces.

Cuando no responde también, Nicolás se da cuenta de que el perro está muerto y le toca la cabeza porque ya no le queda nada y perdió lo más hermoso del mundo y pone su mirada triste al tocarlo.

Jazmín lo agarra a Nicolás de la cabeza y lo empuja hacia la izquierda tirándole de su cabello y comienza a estar nuevamente loca y peor que antes y le pregunta gritándole cuando lo agarra y lo empuja tirándolo "¡¿qué fue lo qué hiciste?!" Nicolás grita mientras lo aparta tirándole del pelo "¡hah! Jazmín le pregunta "¿dime por qué lo hiciste?" Nicolás le responde "no fui yo. Antes de salir ya estaba muerto." Jazmín vuelve a preguntarle pero gritándole "¡¿dije por qué lo hiciste?!" Nicolás le contesta "yo no hice nada. Fue Narciso. Él lo mató con la magia negra. Él..." Jazmín le dice a Nicolás "satánico. té volviste un hinumano." Nicolás la mira por cómo se está tomando las cosas ella y Jazmín le grita "¡eres un maltratador! ¡éres un maltratador! Nicolás se acerca para agarrarla y gritándole "¡no! ¡yó soy tu primo! Jazmín da un paso atrás para apartarse de él y le grita ahora

"¡has roto tu amor conmigo! ¡y traicionaste a la iglesia! ¡estás lleno de demonios! ¡Apestas a Satanás! ¡tú te amigaste con nuestro enemigo, ramero!" Jazmín lo agarra a Nicolás y lo está arrinconando rápido hacia la pared del lado de afuera del jardín mientras le gritaba que huele al diablo y siguiéndole gritando hasta ahora.

Jazmín le grita y lo pone en contra la pared a la misma vez gritándole y arrinconándolo "¡o no creas que he notado como miras con atención! ¡Así es como mataste a nuestro perro! "¡Y ahora me dejaste sin nada!"

Nicolás, asustado le dice "¿qué dices, prima?"

Jazmín agacha un poco su cabeza y pone su frente pegada a la frente de él y le dice "tú me lo quitaste."

Nicolás le dice "no. No, prima."

Jazmín asegurándose por su estado le dice a su primo "te voy a matar."

Nicolás le dice "no, Jazmín. Jazmín, por favor, no."

Jazmín le vuelve a aclarar con distintas palabras "te voy a tener que matar."

Nicolás le ruega otra vez "no prima. Por favor."

Jazmín estando trastornada dice "¡se ha ido!"

Ella lo tira a Nicolás al piso siguiéndole agarrado de él y tirándolo con sus manos en la ropa y gritando a la misma vez que lo empuja "¡me quitaste a mi perro! ¡Me dejaste sola!"

Jazmín cachetea a su primo con sus manos en la cara y le grita ahora "¡enfermo!" Nicolás le grita "¡no!" "¡Te amo!

Jazmín vuelve a gritarle "¡enfermo!"

Ella continúa pegándole con sus manos abiertas y él la besa en la cara dos veces para demostrar su amor y ampararla. Levanta un poco la cabeza para mirarla.

Jazmín lo mira con los ojos bien abiertos porque creyó que la acosó sexualmente.

Nicolás mientras sigue mirándola le pregunta para ayudarla "¿prima?"

Jazmín lo agarra a Nicolás del cuello y lo estrangula con su mirada bien abierta.

Nicolás empieza a gritar "¡hah! ¡Haah! ¡Jazmín!".

Jazmín ahora con sus ojos de odio y con la boca abierta mostrando los dientes sigue ahorcándolo mientras que Nicolás vuelve a gritarle "¡Jazmín!"

Nicolás es apretado muy fuerte por las manos de su prima y su cara que sufre la estrangulación de su prima vuelve a gritar "¡Jazmín!" y le pega tres veces en la cara con su mano derecha y la mata para salvarse.

Nicolás sufre entonces más y llora solo un poco porque ya se quedó sin familia y solo en la casa. Abraza a su prima en su pecho con las dos manos en su espalda mientras llora gritando poquito hasta que se calma abrazándola y suspirando un poco mientras se calma.

Nicolás continúa abrazándola a Jazmín muerta por un minuto o más ya que él la amaba y la deseaba hasta que la tira a un costado hacia la izquierda para apartársela de su cuerpo y se levanta y camina un poco hacia adelante por sentirse solo y sin nadie que haya conocido para estar acompañado y se detiene.

Nicolás mira el jardín abandonado triste y abandonado también.

Nicolás entra al dormitorio que pertenecía a los dos y se saca el buzo, saca la frazada de su propio lugar donde siempre duerme, se saca las zapatillas grises, se acuesta en la cama, se tapa con la frazada, pone su cabeza en la almohada y se queda dormido en tristes condiciones y solo de por vida.

En la noche, Nicolás se despierta y se sienta en la cama tapado con la frazada y se queda sentado por unos segundos.

Nicolás, teniendo una vela prendida con fuego en su casa y con las luces apagadas, se dirige a la cocina, deteniéndose antes de entrar para asegurarse si lo que planea hacer es correcto para prevalecer a los fallecidos, Sir y Jazmín.

Nicolás entra a la cocina dado entonces que aceptó hacer lo que va a hacer con la vela prendida en su mano izquierda por donde la está usando cuando la prendió.

Nicolás con la vela apoyada arriba de la mesa de la cocina le habla a la Virgen María desde el cielo, mirando hacia adelante en la cocina por donde justo está la vela y le pide a ella que le dé el poder y la habilidad para acabar con Narciso. Que le dé la fuerza necesaria y los poderes para prevalecer a su familia y que descansen en paz en el paraíso.

Le pregunta si puede hablarle. Y luego le dice "háblame."

Nicolás queda parado, pero baja un poco la cabeza hacia la izquierda y luego va a retirarse de la cocina moviéndose hacia la derecha, pero justo cuando se movía para retirarse, la Virgen María empezó a hablarle preguntándole que es lo que él siente, que por hay se lo pregunta para saber si continúa con el amor de su familia fallecida para darle lo que quiere.

Nicolás le pregunta que le puede darle. La Virgen María le pregunta si quiere sentir su amparo. Un lindo manto con una corona.

Nicolás le responde "así es."

La Virgen le pregunta si le gustaría le lo amen.

Nicolás le pregunta a ella "¿qué hago para servirte primero?"

La Virgen María le pregunta si puede ver la Biblia justo ante él en la mesa de la cual se la trajo ella misma para él.

Nicolás la ve y la mira. La Biblia está justo en la mesa y la Virgen María aparece en la oscuridad mostrándole su Biblia.

La Virgen le dice a Nicolás que quiere que se tranquilice.

Nicolás se tranquiliza mientras la Virgen María se acerca a él por el lado derecho y lo agarra del vientre para ayudarlo a relajarse y Nicolás le agarra las manos a ella, se voltea a penas hacia la derecha y luego se voltea de nuevo para quedarse derechito cuando entró a la cocina y un segundo después, la Virgen María lo suelta y se dirige a él por detrás y por la izquierda y vuelve a tocarlo, pero con su mano izquierda acariciándolo desde su pecho hasta su vientre y mientras lo acaricia con su mano izquierda, Nicolás se voltea un poco otra vez, pero hacia la izquierda donde justo está la Virgen acariciándolo. Nicolás está muy serenado por las manos de la Virgen María y con su boca un poco abierta y con una mirada tan tranquilizadora y calmada.

Nicolás le dice a la Virgen María "siempre voy a vivir cerca tuyo y te amaré."

La Virgen María le dice entonces por eso "ve a la Basílica de San Nicolás."

Nicolás va directo a la entrada de la Basílica de San Nicolás de Bari y entra por la puerta de entrada de la iglesia.

Nicolás camina para llegar al altar y escucha las voces de la Virgen María y de María Magdalena susurrando y diciendo mientras se dirige al altar hablando en español "en nuestro hogar lleno de amor y paz, se reunieron los que más sufren. Mujeres, hombres y niños, lastimados y sufridos en sus cuerpos. Entonces Adonay con voz y gran poder lleno de milagros gritó "¡Afuera sus demonios! La iglesia será su hogar de Paraíso. Llena de santos y milagros. Dónde jamás morirán de hambre y sed. ¡Reúnanse en su iglesia! ¡Porque he preparado su vida eterna y la resurrección de los maltratados se librará a través de mí! ¡Porque soy el Señor que he conseguido sus mundos lleno de paz y luz a través de la iglesia!"

Nicolás llega al altar cuando las dos santas continúan cantando con gran gritos, pero gritando desde el cielo y Nicolás mira el altar con los cirios prendidos con fuego y se queda quieto escuchándolo a ellas gritar "¡hoooooooo!" como un coro antiguo de la iglesia cristiana.

La Virgen María, desde el cielo, levanta a Nicolás por el aire muy despacito y él sonríe por como la Virgen le está empezando a darle lo que pidió y luego cuando apenas sonríe cuando levanta la cabeza hacia arriba, pone cara como si estuviera sufriendo por lo que está pasando en la iglesia, pero solo está así porque está muy impresionado y rodeado por los gritos que continúan haciendo las dos santas y pone su mano derecha en su vientre y también su mano izquierda, pero debajo de la derecha, con la pierna izquierda levantada un poco más arriba de la otra y un poco más adelante y la pierna derecha flotada casi como la otra pero detrás de la izquierda y gira la cabeza para ambos lados, izquierda y derecha o derecha y izquierda, impresionado y con la boca abierta como sufriendo por los gritos y mientras la Virgen lo levanta de a poquito, le da un manto celeste de la misma forma de la cual usaba ella. El manto es otro pero es el mismo que usaba la Virgen María y con el mismo color. Nicolás cuando ve que se lo pone, mira su cuerpo teniéndolo y la Virgen le rodea unos aros de fuego a su alrededor mientras él continua girando su cabeza hacia los dos lados y con la boca abierta y luego le pone una corona plateada con tres piedras de color miel adelante, una piedra del lado derecho, otra piedra al medio y otra piedra del lado izquierdo estando las dos hacia atrás y la del medio más adelante y derechita en su cabeza para prepararlo para enfrentar a Narciso como él le pidió a ella mientras la Virgen María y María Magdalena siguen gritando "¡hoooooooooo!".

Nicolás sigue girando la cabeza por los dos lados mientras la Virgen lo levanta cada vez más y a muy altas alturas con el manto puesto en su cuerpo, con la corona colocada en su cabeza y con los aros de fuego rodeándole todo su cuerpo como un escudo de llamas protegiéndolo mientras gira su cabeza y con la boca bien abierta, hasta que deja la cabeza levantada hacia arriba y derechita sin moverla por la izquierda ni por la derecha, levantada bien directo hacia el techo de la iglesia.

Queda segundos y segundos levantada hacia el techo con el manto, la corona y los aros de fuego rodeándolo con unas altura altísimas y muy lejos del piso, impresionado, rodeado y con la boca bien abierta, escuchando los gritos de las mujeres gritando "¡haaaaaaaaaa!.

La Virgen lo levanta muy lejos que podría decirse un poco cerca de llegar al techo o que sigue levantándolo hacia arriba lejos, muy lejos del piso y lejos del techo con todo lo que le dio y con los gritos fuertes de ella y de María Magdalena, estando Nicolás levantado aún más a través de los aros de fuego.

Agradecimiento

Gracias a todos lo que leyeron este libro y los que me siguen.

Mi primera novela que relata hechos religiosos, idiomas y diferencias entre parejas que no son exactamente cosas que pueden pasar en la vida a la misma vez que surge un problema mucho más mayor.

Tiré el mensaje de escribir esta fuerte y emocionada historia entre Nicolás y Jazmín sobre su amor y pasión fuerte a su perro, Sir.

Por hay los que leyeron este libro piensen que pueden pasar todas esas cosas en la actualidad. Pero la verdad les digo que ahí la historia relata sucesos y mentiras escritas por mí.

Soy cristiano y sé muy bien con respecto a esas cosas. Es muy difícil y complicado que eso suceda en la realidad, pero siempre vale la pena cuidarse y querernos del uno al otro para evitar amenazas y cuidar de nuestras mascotas.

Todo esto es ficción y aunque uno se den cuenta de que es muy difícil ocurrir todos estos hechos tan extraños y diabólicos, yo en verdad les aseguro que no puede haber sucesos reales como amenazar y matar a la mascota de una familia con magia negra. No ha habido un suceso tan diabólico como ese en nuestras vidas, pero es que sí, la magia negra existe. Pero jamás hubo hechos así por amenazas.

A los que les encantó el mensaje de este libro y deciden seguirme y que hayan entendido la historia de cómo puede pasar cosas malas en la actualidad y otras cosas que son mentiras, les agradezco a todos ustedes y por haberles encantado y emocionados por mi historia sobre mi primera novela.

Nicolás Garrigan

Printed by Books on Demand GmbH, Norderstedt / Germar